Wilhelm Kleff
Der Rosenkranz in Bildern

Wilhelm Kleff

DER ROSENKRANZ
in Bildern

Johannes-Verlag Leutesdorf

Fünfzehnte Auflage 1994

Mit kirchlicher Druckerlaubnis

Umschlagbild: Stephan Lochner, „Hortus conclusus"
(Ausschnitt), Köln, Wallraf-Richartz-Museum
Farbfotos: Dr. Jakob Schlafke, Köln
Alle Kunstwerke befinden sich im Kölner Dom

Gesamtherstellung: Druckerei des Johannesbundes e. V.
D-56599 Leutesdorf am Rhein

ISBN 3-7794-0749-3

Zu beziehen durch die *KSM*
Katholische Schriften-Mission, D-56599 Leutesdorf
Telefon: 0 26 31/9 76-1 92, Telefax: 0 26 31/9 76-2 50

Einleitende Gebete

Im Namen des Vaters und des Sohnes und des Heiligen Geistes. Amen.

Ich glaube an Gott, den Vater, den Allmächtigen, den Schöpfer des Himmels und der Erde, und an Jesus Christus, seinen eingeborenen Sohn, unsern Herrn, empfangen durch den Heiligen Geist, geboren von der Jungfrau Maria, gelitten unter Pontius Pilatus, gekreuzigt, gestorben und begraben, hinabgestiegen in das Reich des Todes, am dritten Tage auferstanden von den Toten, aufgefahren in den Himmel; er sitzt zur Rechten Gottes, des allmächtigen Vaters, von dort wird er kommen, zu richten die Lebenden und die Toten. Ich glaube an den Heiligen Geist, die heilige, katholische Kirche, Gemeinschaft der Heiligen, Vergebung der Sünden, Auferstehung der Toten und das ewige Leben. Amen.

Ehre sei dem Vater und dem Sohn und dem Heiligen Geist, wie im Anfang, so auch jetzt und alle Zeit und in Ewigkeit. Amen.

Vater unser im Himmel, geheiligt werde dein Name. Dein Reich komme. Dein Wille geschehe, wie im Himmel so auf Erden. Unser tägliches Brot gib uns heute. Und vergib uns unsere Schuld, wie auch wir vergeben unsern Schuldigern. Und führe uns nicht in Versuchung, sondern erlöse uns von dem Bösen.

(Es kann hinzugefügt werden:)

Denn dein ist das Reich und die Kraft und die Herrlichkeit in Ewigkeit. Amen.

Gegrüßet seist du, Maria, voll der Gnade, der Herr ist mit dir; du bist gebenedeit unter den Frauen, und gebenedeit ist die Frucht deines Leibes, Jesus,
der den Glauben in uns vermehre.

Heilige Maria, Mutter Gottes, bitte für uns Sünder jetzt und in der Stunde unseres Todes. Amen.

Gegrüßet seist du, Maria ...,
der die Hoffnung in uns stärke.

Gegrüßet seist du, Maria ...,
der die Liebe in uns entzünde.

Ehre sei dem Vater ...

Wir beten den Rosenkranz

Vor jedem „Gegrüßet seist du, Maria“ wird beim gemeinsamen Beten vom Vorbeter zuerst der biblische Vers genannt. Bei dieser Art, den Rosenkranz zu beten, wird das Geheimnis nach dem Wort „Jesus“ nicht eingefügt.

Am Schluß eines jeden Geheimnisses kann hinzugefügt werden:

Vorbeter: O Jesus,*

Alle: verzeih uns unsere Sünden, bewahre uns vor dem Feuer der Hölle; nimm alle Seelen in den Himmel auf, besonders jene, die deiner Barmherzigkeit am meisten bedürfen.

(Worte der Muttergottes bei der zweiten Erscheinung in Fatima, die nach ihrer Weisung nach jedem Gesätz gebetet werden sollen.)

* Siehe Seite 8

Freudenreiche Geheimnisse

Erstes Geheimnis

Den du, o Jungfrau, vom Heiligen Geist empfangen hast

Vater unser …

1. Der Engel Gabriel ward von Gott gesandt zu einer Jungfrau.
   Gegrüßet seist du, Maria …
2. Er trat bei ihr ein und sprach: „Gegrüßet seist du, Maria, voll der Gnade."
3. Maria erschrak und dachte nach, was der Gruß bedeute.
4. „Fürchte dich nicht, Maria, du hast Gnade gefunden bei Gott."
5. „Siehe, du wirst empfangen und einen Sohn gebären."
6. „Er wird der Sohn des Allerhöchsten genannt werden."
7. „Wie wird das geschehen, da ich keinen Mann erkenne?"
8. „Der Heilige Geist wird über dich kommen."
9. „Siehe, ich bin die Magd des Herrn."
10. Und das Wort ist Fleisch geworden und hat unter uns gewohnt.* (Siehe Seite 7)

Mariä Verkündigung
Bibelfenster, Stephanuskapelle, um 1280

Zweites Geheimnis

Den du, o Jungfrau, zu Elisabet getragen hast

1. In jenen Tagen ging Maria eilends in das Gebirge.
2. Sie trat in das Haus des Zacharias und grüßte Elisabet.
3. Da frohlockte das Kind im Schoß Elisabets.
4. Elisabet wurde vom Heiligen Geist erfüllt.
5. „Woher wird mir die Gnade, daß die Mutter meines Herrn zu mir kommt?"
6. „Selig bist du, weil du geglaubt hast."
7. Da sprach Maria: „Hochpreiset meine Seele den Herrn."
8. „Und mein Geist frohlockt in Gott, meinem Heiland."
9. „Herabgesehen hat er in Gnaden auf seine niedrige Magd."
10. „Siehe, von nun an preisen mich selig alle Geschlechter."

Vorbeter: O Jesus,
Alle: verzeih uns unsere Sünden …

Maria und Elisabet
Fenster in der Sakramentskapelle, um 1450

Drittes Geheimnis

Den du, o Jungfrau, geboren hast

1. Kaiser Augustus ließ das ganze Weltreich aufschreiben.
2. So ging auch Josef mit Maria nach Betlehem.
3. Dort erfüllten sich die Tage Mariens.
4. Und sie gebar ihren Sohn, den Erstgeborenen.
5. Hirten wachten bei ihrer Herde.
6. Da stand ein Engel des Herrn vor ihnen.
7. „Seht, ich verkünde euch eine große Freude."
8. „Heute ist euch der Heiland geboren."
9. „Ihr werdet ein Kind finden, das in Windeln gewickelt und in einer Krippe liegt."
10. „Ehre sei Gott in der Höhe und Friede den Menschen seiner Gnade."

Vorbeter: O Jesus,
Alle: verzeih uns unsere Sünden …

Geburt Christi
Graduale, Codex 274, Bl. 12 v, 1531

Viertes Geheimnis

Den du, o Jungfrau, im Tempel aufgeopfert hast

1. Die Eltern brachten das Kind nach Jerusalem, um es dem Herrn darzustellen.
2. Da war in Jerusalem ein Mann mit Namen Simeon.
3. Er harrte auf den Trost Israels.
4. Vom Heiligen Geist geführt, kam er in den Tempel.
5. Da nahm er das Kind auf seine Arme.
6. ,,Nun entlässest du, Herr, deinen Diener in Frieden.''
7. ,,Denn meine Augen haben das Heil gesehen.''
8. ,,Das Licht zur Erleuchtung der Heiden und zur Verherrlichung Israels.''
9. Dann sprach er zu Maria:
   ,,Dieser ist bestimmt zum Falle und zur Auferstehung vieler.''
10. ,,Und deine Seele wird ein Schwert durchbohren.''

Vorbeter: O Jesus,
Alle: verzeih uns unsere Sünden …

Darstellung im Tempel
Ölgemälde, erste Hälfte des 17. Jahrhunderts

Fünftes Geheimnis

Den du, o Jungfrau, im Tempel wiedergefunden hast

1. Seine Eltern gingen mit ihm zum Osterfest.
2. Nach den Festtagen blieb der Knabe Jesus in Jerusalem.
3. Sie suchten ihn bei Verwandten und Bekannten.
4. Dann kehrten sie nach Jerusalem zurück.
5. Nach drei Tagen fanden sie ihn im Tempel.
6. „Kind, warum hast du uns das getan?“
7. „Wußtet ihr nicht, daß ich in dem sein muß, was meines Vaters ist?“
8. Sie aber verstanden ihn nicht.
9. Dann zog er mit ihnen hinab nach Nazaret und war ihnen untertan.
10. Seine Mutter bewahrte alle diese Dinge in ihrem Herzen.

Vorbeter: O Jesus,
Alle: verzeih uns unsere Sünden …

Lehrender Jesus im Tempel
Ölgemälde, Agilolfusaltar, 1521

Schmerzensreiche Geheimnisse

Sechstes Geheimnis

Der für uns Blut geschwitzt hat

1. Jesus ging mit seinen Jüngern an den Ölberg.
2. Petrus, Jakobus und Johannes nahm er mit in den Garten.
3. „Meine Seele ist betrübt bis in den Tod. Bleibet hier und wachet mit mir."
4. Und er ging einen Steinwurf weiter und begann zu zittern und zu zagen.
5. „Mein Vater, wenn es möglich ist, gehe dieser Kelch an mir vorüber."
6. „Doch nicht mein, sondern dein Wille geschehe."
7. Und sein Schweiß ward zu Blutstropfen, die zur Erde rannen.
8. „Konntet ihr nicht eine Stunde mit mir wachen?"
9. Er betete abermals, und ein Engel stärkte ihn.
10. „Auf, laßt uns gehen, mein Verräter naht."

Vorbeter: O Jesus,
Alle: verzeih uns unsere Sünden ...

Christus am Ölberg
Nordfenster, 1509

Siebtes Geheimnis

Der für uns gegeißelt worden ist

1. „Sei gegrüßt, Meister!" Und Judas küßte ihn.
2. „Freund, mit einem Kuß verrätst du den Menschensohn?"
3. Sie legten Hand an ihn. Die Jünger aber flohen.
4. Sie führten ihn zu Hannas.
5. Hannas schickte ihn gebunden zu Kajaphas.
6. „Ich kenne diesen Menschen nicht." — Der Herr wandte sich um und blickte nach Petrus.
7. „Ja, ich bin ein König!"
8. Pilatus sandte Jesus zu Herodes, der ihn verspottete.
9. „Nein, nicht diesen, sondern den Barabbas gib uns frei."
10. Da ließ Pilatus Jesus geißeln.

Vorbeter: O Jesus,
Alle: verzeih uns unsere Sünden …

Geißelung Jesu
Dreikönigsschrein, 1181—1230

Achtes Geheimnis

Der für uns mit Dornen gekrönt worden ist

1. Die Soldaten bekleideten Jesus mit einem Purpurgewand.
2. Dann flochten sie eine Krone aus Dornen und drückten sie ihm aufs Haupt.
3. In die rechte Hand gaben sie ihm ein Rohr.
4. Und sie verspotteten ihn: „Sei gegrüßt, du König der Juden!“
5. Sie spien ihm ins Angesicht.
6. Sie schlugen sein Haupt mit dem Rohr.
7. „Seht, welch ein Mensch!“
8. „Hinweg, kreuzige ihn!“
9. „Ich bin unschuldig am Blut dieses Gerechten!“
10. „Sein Blut komme über uns und unsere Kinder.“

Vorbeter: O Jesus,
Alle: verzeih uns unsere Sünden …

Dornenkrönung Jesu
Fenster in der Sakramentskapelle, um 1540

Neuntes Geheimnis

Der für uns das schwere Kreuz getragen hat

1. Jesus wird zum Tod verurteilt.
2. Jesus nimmt das schwere Kreuz auf sich.
3. Jesus fällt zum ersten Mal.
4. Jesus begegnet seiner Mutter.
5. Simon von Zyrene hilft Jesus das Kreuz tragen.
6. Veronika reicht Jesus das Schweißtuch dar.
7. Jesus fällt zum zweiten Mal.
8. Jesus mahnt die weinenden Frauen.
9. Jesus fällt zum dritten Mal.
10. Jesus wird seiner Kleider beraubt.

Vorbeter: O Jesus,
Alle: verzeih uns unsere Sünden …

Kreuztragung Jesu
Schnitzarbeit am Agilolfusaltar, 1521

Zehntes Geheimnis

Der für uns gekreuzigt worden ist

1. Jesus wird ans Kreuz genagelt.
2. ,,Vater, vergib ihnen; denn sie wissen nicht, was sie tun.‘‘
3. ,,Heute noch wirst du mit mir im Paradies sein.‘‘
4. ,,Frau, siehe da, deinen Sohn!‘‘ Und zu Johannes sprach er: ,,Siehe da, deine Mutter!‘‘
5. ,,Mein Gott, mein Gott, warum hast du mich verlassen?‘‘
6. ,,Mich dürstet.‘‘
7. ,,Es ist vollbracht.‘‘
8. ,,Vater, in deine Hände empfehle ich meinen Geist.‘‘
9. Jesus wird vom Kreuz genommen und in den Schoß der Mutter gelegt.
10. Jesus wird zu Grabe getragen.

(An Herz-Jesu-Freitagen:)

9. Ein Soldat öffnete mit der Lanze die Seite des Herrn, und sogleich floß Blut und Wasser heraus.
10. ,,Wen dürstet, der komme zu mir, es trinke, wer an mich glaubt.“ Damit meinte er, schreibt Johannes, den Heiligen Geist.

Vorbeter: O Jesus,
Alle: verzeih uns unsere Sünden …

Christus am Kreuz
Gerokreuz

Glorreiche Geheimnisse

Elftes Geheimnis

Der von den Toten auferstanden ist

1. Hinabgestiegen in das Reich des Todes.
2. Am dritten Tage auferstanden von den Toten.
3. Ein Engel wälzte den Stein vom Grab.
4. „Fürchtet euch nicht! Er ist auferstanden."
5. „Der Friede sei mit euch."
6. „Denen ihr die Sünden nachlassen werdet, sind sie nachgelassen."
7. „Mußte nicht Christus dies alles leiden?"
8. „Herr, bleibe bei uns, es will Abend werden."
9. „Selig, Thomas, die nicht sehen und doch glauben."
10. „Es kommt die Stunde, da alle in den Gräbern die Stimme des Sohnes Gottes hören."

Vorbeter: O Jesus,
Alle: verzeih uns unsere Sünden …

Christus der Weltenrichter
Dreikönigsschrein, 1181—1230

Zwölftes Geheimnis

Der in den Himmel aufgefahren ist

1. „Mir ist alle Gewalt gegeben."
2. „Gehet hin und lehret alle Völker."
3. „Seht, ich bin bei euch alle Tage bis ans Ende der Welt."
4. „Ich gehe heim zum Vater."
5. Und er führte sie hinaus auf den Ölberg.
6. Er segnete sie.
7. Und segnend fuhr er gegen Himmel auf.
8. Dort sitzt er zur Rechten Gottes, des allmächtigen Vaters.
9. Und er lebt immerdar, um für uns zu bitten.
10. Von dort wird er kommen, zu richten die Lebenden und die Toten.

Vorbeter: O Jesus,
Alle: verzeih uns unsere Sünden …

Christi Himmelfahrt
Evangeliar, Codex 218, Bl. 104, Anfang

Dreizehntes Geheimnis

Der uns den Heiligen Geist gesandt hat

1. Die Apostel verharrten im Gebet mit Maria, der Mutter Jesu.
2. Plötzlich erhob sich vom Himmel her ein Brausen.
3. Es erschienen ihnen Zungen wie von Feuer. Und sie wurden vom Heiligen Geist erfüllt.
4. Wir bitten den Heiligen Geist um seine Gnaden und Gaben. — Um die Gabe der Weisheit.
5. Um die Gabe des Verstandes.
6. Um die Gabe des Rates.
7. Um die Gabe der Stärke.
8. Um die Gabe der Wissenschaft.
9. Um die Gabe der Frömmigkeit.
10. Um die Gabe der Furcht des Herrn.

Vorbeter: O Jesus,
Alle: verzeih uns unsere Sünden …

Pfingsten
Graduale, Codex 173, Bl. 26 v, 1310—1320

Vierzehntes Geheimnis

Der dich, o Jungfrau, in den Himmel aufgenommen hat

Wir betrachten die Prüfungen der Gottesmutter und ihre Verklärung

1. „Deine Seele wird ein Schwert durchdringen."
2. „Josef, nimm das Kind und seine Mutter und flieh nach Ägypten."
3. „Kind, warum hast du uns das getan?"
4. „Frau, was habe ich mit dir? Meine Stunde ist noch nicht gekommen."
5. „Wer den Willen meines Vaters tut, der ist mir Mutter und Bruder und Schwester."
6. Bei dem Kreuz Jesu aber stand seine Mutter.
7. „Frau, siehe da, deinen Sohn!"
8. Stark wie der Tod ist die Liebe.
9. Jesus nimmt seine Mutter mit Leib und Seele in den Himmel auf.
10. „Selig der Leib, der dich getragen."

Vorbeter: O Jesus,
Alle: verzeih uns unsere Sünden …

Mariä Aufnahme in den Himmel
Chorschrankenmalerei, um 1330

Fünfzehntes Geheimnis

Der dich, o Jungfrau, im Himmel gekrönt hat

1. Jesus krönt seine Mutter zur Königin des Himmels.
2. Wir grüßen die Königin der Engel.
3. Wir grüßen die Königin der Patriarchen und Propheten.
4. Wir grüßen die Königin der Apostel.
5. Wir grüßen die Königin der Märtyrer.
6. Wir grüßen die Königin der Jungfrauen.
7. Wir grüßen die Königin, ohne Erbsünde empfangen.
8. Wir grüßen die Königin des heiligen Rosenkranzes.
9. Wir grüßen die Königin der Welt.
10. Wir grüßen die Königin des Friedens.

Vorbeter: O Jesus,
Alle: verzeih uns unsere Sünden …

Krönung Mariens
Initiale, Codex 2, Bl. 173, 13. Jahrhundert

Der Papst über das Rosenkranzgebet

Es erscheint angebracht zu sein, daß wir noch zwei im Abendland sehr verbreitete Andachtsübungen erörtern, mit denen sich dieser Apostolische Stuhl schon zu verschiedenen Anlässen befaßt hat:
den **Engel des Herrn** und
den **Rosenkranz der seligen Jungfrau Maria.**

„So ist zum Beispiel der biblische Charakter des Rosenkranzes in hellerem Licht erschienen, insofern er vom Evangelium die Aussage der Geheimnisse und seine hauptsächlichen Formeln nimmt; er inspiriert sich am Evangelium, um dem Gläubigen vom freudigen Gruß des Engels und der religiösen Zustimmung der Jungfrau her die Haltung nahezubringen, in der er ihn beten soll …“

Papst Paul VI., Apostolisches Schreiben „Marialis Cultus“. „Die rechte Pflege und Entfaltung der Marienverehrung“, Nr. 40 und 44.

Der „Engel des Herrn“

Der Engel des Herrn brachte Maria die Botschaft, und sie empfing vom Heiligen Geist.
Gegrüßet seist du, Maria …

Maria sprach: Siehe, ich bin die Magd des Herrn; mir geschehe nach deinem Wort.
Gegrüßet seist du, Maria …

Und das Wort ist Fleisch geworden und hat unter uns gewohnt.
Gegrüßet seist du, Maria …

Bitte für uns, heilige Gottesmutter,
daß wir würdig werden der Verheißung Christi.

Allmächtiger Gott, gieße deine Gnade in unsere Herzen ein. Durch die Botschaft des Engels haben wir die Menschwerdung Christi, deines Sohnes, erkannt. Laß uns durch sein Leiden und Kreuz zur Herrlichkeit der Auferstehung gelangen. Darum bitten wir durch Christus, unsern Herrn. Amen.

Zum Heiligen Geist

Atme in mir, du Heiliger Geist,
daß ich Heiliges denke.

Treibe mich, du Heiliger Geist,
daß ich Heiliges tue.

Locke mich, du Heiliger Geist,
daß ich Heiliges liebe.

Stärke mich, du Heiliger Geist,
daß ich Heiliges hüte.

Hüte mich, du Heiliger Geist,
daß ich das Heilige nimmer verliere.

Heiliger Augustinus

O mein Gott

O mein Gott,
ich glaube an dich,
ich bete dich an,
ich hoffe auf dich,
ich liebe dich.

Ich bitte dich um Verzeihung für jene,
die nicht an dich glauben,
die dich nicht anbeten,
die nicht auf dich hoffen,
die dich nicht lieben.

Heiligste Dreifaltigkeit,
Vater, Sohn und Heiliger Geist.
Ich bete dich in tiefster Ehrfurcht an
und opfere dir auf
den kostbaren Leib, das Blut
und die Seele
unseres Herrn Jesus Christus,
der in allen Tabernakeln der Welt
zugegen ist,
zur Sühne für die Sünden,
durch die er beleidigt wird.

Durch die unendlichen Verdienste
seines heiligsten Herzens
und durch die Fürbitte
des unbefleckten Herzens Mariens
bitte ich dich
um die Bekehrung der armen Sünder.

Gebet des Engels mit den Kindern von Fatima

Mein Herr und mein Gott

Mein Herr und mein Gott, nimm alles von mir, was mich hindert zu dir.

Mein Herr und mein Gott, gib alles mir, was mich fördert zu dir.

Mein Herr und mein Gott, nimm mich mir und gib mich ganz zu eigen dir.

Heiliger Nikolaus von Flüe

Unter deinen Schutz und Schirm

Unter deinen Schutz und Schirm fliehen wir, heilige Gottesmutter.
Verschmähe nicht unser Gebet in unseren Nöten, sondern errette uns jederzeit aus allen Gefahren, o du glorwürdige und gebenedeite Jungfrau, unsere Frau, unsere Mittlerin, unsere Fürsprecherin. Führe uns zu deinem Sohne, empfiehl uns deinem Sohne, stelle uns vor deinem Sohne.

O meine Gebieterin

O meine Gebieterin, o meine Mutter!
Dir bringe ich mich ganz dar, und um dir meine Hingabe zu bezeigen, weihe ich dir heute meine Augen, meine Ohren, meinen Mund, mein Herz, mich selber ganz und gar. Weil ich also dir gehöre, o gute Mutter, so bewahre mich, beschütze mich als dein Gut und Eigentum. Amen.

Inhaltsübersicht

Einleitende Gebete 5
Wir beten den Rosenkranz 7

Freudenreiche Geheimnisse 8
Schmerzensreiche Geheimnisse 18
Glorreiche Geheimnisse 28

Der Papst über das Rosenkranzgebet 39

Der „Engel des Herrn" 40
Zum Heiligen Geist
(Heiliger Augustinus) 41
O mein Gott
(Gebet des Engels mit den Kindern von
Fatima) 42
Mein Herr und mein Gott
(Heiliger Nikolaus von Flüe) 43
Unter deinen Schutz und Schirm 44
O meine Gebieterin 45

So bete ich den Rosenkranz gern

ist auch in einfacher Ausführung und ohne Bilder bisher in dreizehn Auflagen im Johannes-Verlag Leutesdorf erschienen.
Format 10 x 14,5 cm. 20 Seiten
Bestellnummer: M 72
ISBN 3-7794-0526-1

Zu beziehen durch die *KSM*
Katholische Schriften-Mission
D-56599 Leutesdorf